DIE REIHE
Archivbilder

ENTLANG DER MOSEL

VON KOBLENZ BIS TRIER 1880-1920

Ein Blick auf die Moselmündung etwa um das Jahr 1883. Bevor am Deutschen Eck für Kaiser Wilhelm I. ein Denkmal errichtet wurde, befand sich dort ein Schutzhafen. Am Moselufer, etwa in der Bildmitte, steht die im Kern bis ins 13. Jahrhundert zurückreichende kurfürstliche Burg. Das Foto stammt aus den Beständen des Landesmuseums Koblenz.

DIE REIHE
Archivbilder

ENTLANG DER MOSEL

VON KOBLENZ BIS TRIER 1880-1920

Karl-Josef Gilles

SUTTON
VERLAG

Sutton Verlag GmbH
Hochheimer Straße 59
99094 Erfurt
http://www.suttonverlag.de

ISBN 3-89702-681-3
Druck: Oaklands Book Services Ltd., Stonehouse / GL, England

Der Wein und die Weinberge prägen heute noch wie vor hundert Jahren das Moseltal. Hier wird im Februar 1912 ein „Jahrhundertwein" aus einer bekannten Weinlage abgefüllt. Kälte scheint die Winzer dabei nicht zu stören. Im Hintergrund steht noch der „ausrangierte" Weihnachtsbaum des vorangegangenen Weihnachtsfestes.

Inhaltsverzeichnis

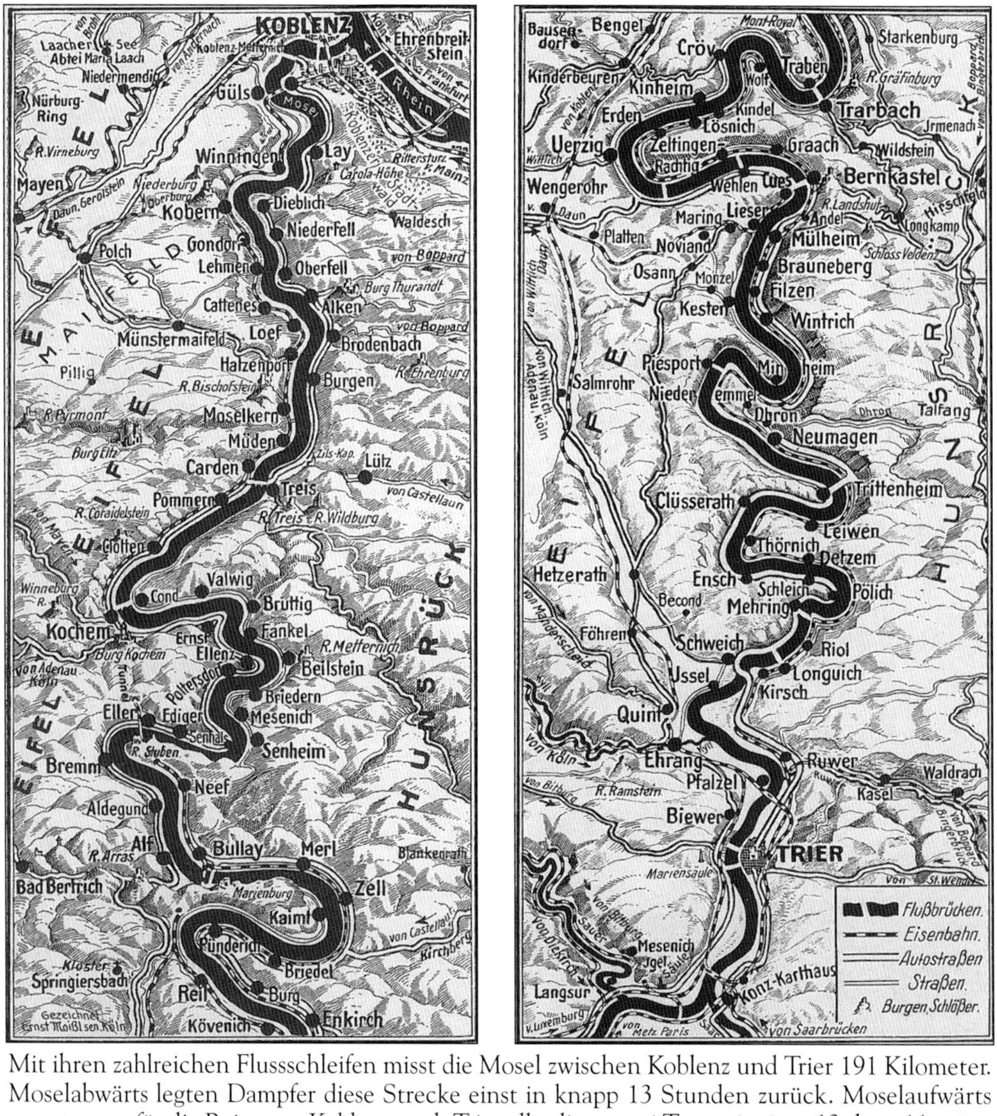

Mit ihren zahlreichen Flussschleifen misst die Mosel zwischen Koblenz und Trier 191 Kilometer. Moselabwärts legten Dampfer diese Strecke einst in knapp 13 Stunden zurück. Moselaufwärts musste man für die Reise von Koblenz nach Trier allerdings zwei Tage mit einer 12- bzw. 11-stündigen Dampferfahrt und einer Übernachtung in Reil einplanen. Zwischen dem kurfürstlichen Schloss in Koblenz und der kurfürstlichen Residenz in Trier konnte der Moselreisende vor einhundert Jahren die Reste von immerhin 22 Burganlagen und zwei weiteren Schlössern aufspüren. Dazu kamen noch die verschiedenen, teilweise festungsartig ausgebauten Amtshäuser und Vogteien wie etwa in Dieblich, Kobern, Alken, Karden, Pommern, Ellenz, Senheim, Neef, Merl, Kinheim oder Longuich.

Einleitung

Ausgelöst durch die Strömungen der Romantik, reichen die Anfänge des Moseltourismus bis in die erste Hälfte des 19. Jahrhunderts zurück. Vor allem englische Künstler, die damals das Moseltal bereisten und seine weitgehend unberührten Landschaften mit ihren zahlreichen Baudenkmälern in Zeichnungen, Stichen und Gemälden dokumentierten, sowie verschiedene Moselbeschreibungen aus jener Zeit zeugen von der zunehmenden Beliebtheit, derer sich das Moseltal damals erfreuen durfte.

Sind jene Moselansichten bereits in den vergangenen Jahren in verschiedenen Ausstellungskatalogen hinreichend publiziert worden, fehlte für die Region bisher jedoch eine Zusammenstellung von Fotos aus der Zeit des ausgehenden 19. und frühen 20. Jahrhunderts. Mit den in diesem Bildband publizierten über 200 Aufnahmen möchte ich versuchen, diese Lücke zu füllen. Dabei stehen die Landschaft, ihre zahlreichen Kulturdenkmäler, aber auch das Aufkommen neuer Verkehrsmittel, welche die bis dahin dominierenden Dampfschiffe ablösen sollten, im Vordergrund.

Der Band lädt den Betrachter ein zu einer Reise entlang der Mosel von Koblenz bis Trier und führt ihn in eine Zeit zurück, wie sie Einheimische und Moseltouristen vor rund 100 Jahren erlebt haben. Auf Fotos der Stadt Koblenz – an der Mündung von Mosel und Rhein gelegen und durch das Deutsche Eck weit über seine Grenzen bekannt – wird hier weitgehend verzichtet, da über die Stadt in der Reihe „Archivbilder" des Sutton Verlages bereits ein umfangreicher Band von Reinhard Kallenbach und in der Reihe „Zeitsprünge" ein weiterer von Bernd Schmeißer erschienen ist. Auch die Stadt Trier, die „heimliche Hauptstadt" der Mosel, kann hier nicht entsprechend ihrer Bedeutung berücksichtigt werden, da sie allein die Herausgabe eines eigenen Bandes erforderlich macht.

Das vorliegende Buch ist in fünf Kapitel gegliedert, wobei wir – mit Ausnahme der Verkehrsmittel – die jeweils vorgestellten Baudenkmäler oder Ortschaften immer von Koblenz nach Trier vorüberziehen lassen, so als würden wir sie per Schiff oder per Bahn in einer Fahrtrichtung erschließen.

Möge dieses Buch allen Freunden der Mosel, Einheimischen wie Touristen, die ein Herz für diese wunderschöne Landschaft und ihre Menschen gefunden haben, viel Freude bereiten und mit dazu beitragen, die zahlreichen noch erhaltenen Denkmäler der Natur wie der Kultur zu schonen und für unsere Nachwelt zu erhalten.

Trier, im April 2004
Dr. Karl-Josef Gilles

Danksagung

Die Erstellung dieses Bildbandes wäre ohne die freundlichen Ratschläge und die vielfältige Unterstützung, die mir bei der Vorbereitung dieses Buches zuteil wurde, kaum möglich gewesen. Mein besonderer Dank gilt hier insbesondere den Leihgebern der historischen Fotografien. Außer auf die eigene Sammlung konnte ich hauptsächlich auf die Bestände des Rheinischen Landesmuseums Trier zurückgreifen, wobei mir Thomas Zühmer behilflich war. Eine größere Zahl an Fotos überließen freundlicherweise aus ihren Sammlungen die Herren Alfons Friderichs (Zell), Wolfgang Heinz (Wittlich), Carl Joseph May (Kobern-Gondorf) und Hans Schneiß (Irmenach). Einzelne Aufnahmen stellten zudem Hedwig Herdes (Koblenz-Lay), Willi Herres (Neumagen), Frank Hoffbauer (Winningen), das Landesmuseum Koblenz – hier habe ich Frau Dr. Angela Kaiser-Lahme und den Herren Wolfgang Horbert und Michael Jordan zu danken –, Christoph Krieger (Traben-Trarbach), Heidi Piacenza (Zell), Kathrin Schlöder (Longuich) und Elfriede Schmitt (Longuich) zur Verfügung.

Widmung

Gewidmet sei dieser Band den zahlreichen, vielfach leider nicht überlieferten Fotografen, auf deren historische Aufnahmen ich zurückgreifen konnte. Lediglich fünf der Fotografen sind namentlich bekannt: M. Bätz, Trier, Professor Wilhelm Deuser (1861-1953), Lehrer am Friedrich-Wilhelm-Gymnasium in Trier, J. N. Gary, Trier, Ferdinand Josef Gustav Laven (1879-1947), Heimatschriftsteller und Komponist in Trier sowie Franz Waldecker (1862-1941), von 1882-1927 Lehrer (Rektor) in Zell. Ihnen allen gilt mein besonderer Dank, denn ohne ihre Arbeiten wäre der zeitliche Rückblick in dem vorliegenden Bildband nicht möglich gewesen.

1
Schlösser, Burgen, Stadtbefestigungen

Eine Reise durch das idyllische Moseltal, das bis heute weitgehend von störenden Industrieanlagen verschont geblieben ist und (noch) überwiegend vom Weinbau geprägt wird, führt uns vorbei an zahlreichen Schlössern, Burgruinen und Resten alter Stadtbefestigungen. Wie im benachbarten Rheintal mit seinen wesentlich bekannteren Burgen konnte der Besucher auf einer Moselreise vor hundert Jahren zwischen dem kurfürstlichen Schloss in Koblenz und der kurfürstlichen Residenz in Trier die Reste von immerhin 22 Burganlagen und zwei weiteren Schlössern aufspüren. In dieser Zahl sind nicht berücksichtigt die verschiedenen, teilweise festungsartig ausgebauten Amtshäuser und Vogteien, wie etwa in Dieblich, Kobern, Alken (vgl. S. 15 unten), Karden (vgl. S. 41), Pommern, Ellenz, Senheim, Neef, Merl, Kinheim oder Longuich.

Im Gegensatz zu den karolingischen und romanischen Pfalzen, die abwechselnd von den damaligen Herrschern aufgesucht wurden, waren die mittelalterlichen Burgen des Moseltals dauerhaft besiedelt. Die meist als Wasserburgen angelegten Niederburgen spielten in den Mittelgebirgen an Rhein und Mosel nur eine untergeordnete Rolle, so dass vor allem die Höhenburgen unsere Vorstellungen vom Burgenbau geprägt haben. Ihre auf schwer zugänglichen Felsen gelegenen Ruinen bestimmten vor hundert Jahren mit ihren Turmresten und den dächerlosen hohen Mauern über markanten Weinbergsterrassen das Bild des Moseltals. Zu den Verteidigungsanlagen einer solchen Burg gehörten Vorburg, Türme, Ringmauer, Gräben und Zugbrücke, sowie ein Wehrgang mit Brustwehr und Zinnen. Der mächtige Bergfried, Ausguck und letzter Rückzugsort, wurde oft auch als Wohnturm genutzt. Der Palas und die beheizbare Kemenate bildeten weitere Wohnräume und waren wie die Burgkapelle und einzelne Wirtschaftsgebäude je nach Gegebenheiten über das Gelände verteilt oder in die Ringmauer integriert. Von mehreren Besitzern bewohnte Ganerbenburgen – wie z.B. die weit über ihre Grenzen bekannte, hier aber nicht berücksichtigte Burg Eltz in einem Seitental der Mosel oder Burg Thurandt bei Alken (S. 15) – konnten mehrere Bergfriede oder Wohntürme aufweisen.

Die zunehmende Verbreitung der schweren Feuerwaffen stellte den Verteidigungswert der Burgen seit dem späten Mittelalter immer mehr in Frage, so dass die Burgen in der Renaissance und im Barock von den Schlössern abgelöst wurden. Mit seiner monumentalen Schlossanlage von Versailles gab der französische König Ludwig XIV. vielen europäischen Fürsten ein Vorbild, das auch an der Mosel in vielfältiger Form abgewandelt wurde.

Zu Burganlagen in der Ebene zählen lediglich die Nieder- und die Oberburg von Gondorf, also das „Schloss" Liebig und die Burg von der Leyen, sowie die Petersburg von Neumagen. Alle anderen Burgen, wie die Nieder- und Oberburg von Kobern, die Doppelburg Thurandt bei Alken, die Ehrenburg nahe Brodenbach, die Bischofstein gegenüber von Burgen, die Burg Treis und die Wildburg bei Treis, die Coraidelstein bei Klotten, die Winneburg und die Reichsburg Cochem, die Burg Metternich bei Beilstein, die Arras bei Alf, die Marienburg (deren Spuren von einer Kloster- bzw. Wallfahrtskirche (S. 44) verwischt sind), die in dürftigen Mauerzügen erhaltene Starkenburg, die Grevenburg bei Traben-Trarbach, die Landshut bei Bernkastel und die Burg Veldenz bildeten dagegen typische Höhenburgen auf Bergkuppen, -spornen oder -graten. Zwei der Burgen lassen sich keinem der klassischen Burgtypen zuordnen, wie die im Hang auf halber Höhe angelegte Kunibertsburg bei Zeltingen (S. 56) und die Burg zur Leyen bei Ürzig (S. 85), die zwischen schwer zugänglichen, ausgehöhlten Felsen turmartig „angeklebt" scheint. Von den bekannten französischen Vorbildern sind dagegen der unter dem vorletzten Trierer Kurfürsten Johann Philipp Walderdorff (1756-68) fertig gestellte Palast in Trier sowie das zwischen 1777 und 1793 errichtete Neue Schloss von Koblenz beeinflusst, in dem der letzte Trierer Kurfürst Clemens Wenzeslaus (1768-1794) seine Residenz nehmen wollte. Im Stile des Historismus wurde dagegen am Ende des 19. Jahrhunderts das Schloss Lieser erbaut, bald Wohnsitz des langjährigen Staatsministers Clemens Freiherr von Schorlemer. Dort weilte mehrfach der letzte deutsche Kaiser, Wilhelm II. (1888-1918), der seinen Minister im Oktober 1918 noch für die Kanzlernachfolge ins Auge gefasst hatte. Das zwischen 1530 und 1543 im spätgotischen bzw. renaissancezeitlichen Stil errichtete kurfürstliche „Schloss" von Zell gehört dagegen eher zur Gruppe der Niederburgen und war anfangs vielleicht in die Stadtmauer der kurtrierischen Amtsstadt Zell integriert.

Mindestens 13 der 17 Höhenburgen greifen sogar auf spätrömische Befestigungsanlagen zurück. Allerdings scheint nur eine, die Niederburg bei Kobern, kontinuierlich von der Spätantike bis in die Neuzeit besetzt gewesen zu sein. Der Bau der meisten Burgen wurde schon im 12. Jahrhundert begonnen. Einige reichen, wie die Coraidelstein bei Klotten und die Arras bei Alf, wohl noch bis ins 10. Jahrhundert zurück. Zu den jüngsten, erst im 14. Jahrhundert angelegten Burgen zählen die Oberburg von Gondorf und die Grevenburg bei Traben-Trarbach. Die Mehrzahl der Moselburgen wurde gegen Ende des 17. Jahrhunderts von französischen Truppen im Zuge der Reunionskriege Ludwigs XIV. zerstört. Nur wenige blieben, wie das Zeller Schloss, nahezu unversehrt. Die einzelnen Ruinen, von denen noch immer, geschürt durch unterschiedliche am Ort haftende Sagen, ein geheimnisvoller, teilweise auch beängstigender Reiz ausgeht, verfielen in den folgenden Jahrzehnten oder wurden gar als Steinbruch genutzt. Erst ab der zweiten Hälfte des 19. Jahrhunderts, nachdem einzelne Burgruinen in den Besitz einflussreicher Beamter oder Industrieller gelangt waren, wurden einige der Moselburgen nach den damaligen Vorstellungen in Teilbereichen wieder aufgebaut.

Das zwischen 1777 und 1793 errichtete kurfürstliche Schloss (Neues Schloss) in Koblenz um 1915. Wegen der Flucht des letzten Trierer Erzbischofs und Kurfürsten Clemens Wenzeslaus von Sachsen (1768-1794) vor den französischen Revolutionstruppen blieb die Inneneinrichtung unvollendet.

Ein Blick auf Kobern im Jahre 1908: In der Mitte die im 12. Jahrhundert entstandene Niederburg, rechts oberhalb die um 1195 errichtete Oberburg mit quadratischem Bergfried und der spätromanischen Matthiaskapelle, einem sechsseitigen Zentralbau. Auf dem Felsgrat unterhalb der Niederburg der Turm der alten Pfarrkirche St. Lubentius aus der 2. Hälfte des 12. Jahrhunderts und im Ort die nach Plänen von J.C. von Lassaulx 1826-29 erbaute Kirche.

Die Niederburg (Schloss Liebig) von Gondorf im Jahre 1914. Die Ruinen der 1255-72 erbauten Burg wurden 1859-61 wieder aufgebaut und 1900 durch den rückwärtigen Bau (früher Museum) ergänzt. Der hier noch sichtbare große Torbogen wurde bereits 1970 wieder abgebrochen.

Der Wendelinus- oder Löwenbrunnen vor der Niederburg (Schloss Liebig) von Gondorf um 1920. Die Löwen sind heute nicht mehr vorhanden.

Gesamtansicht der Oberburg von Gondorf – Stammburg des Geschlechts derer von der Leyen – kurz nach Fertigstellung der Moselbahn (1878). Beim Bau der Burg wurde die „Vorburg" (links) von der „Hauptburg" (Mitte) getrennt und zudem zwei Türme niedergelegt. Der Chorraum der Burgkapelle musste wenig später dem Neubau einer Kirche weichen. 1971 wurde die „Hauptburg" für die Trasse der Moselstraße durchbrochen. Am rechten Bildrand sichtbar ist die Niederburg (Schloss Liebig).

Die Geschichte der „Hauptburg" der Oberburg von Gondorf – hier auf einem Foto um 1910 – reicht bis ins 14. Jahrhundert zurück. Die Turmreste an der Schranke sind heute vollends verschwunden.

Ein Blick von der Landseite auf die im 15./16. Jahrhundert errichtete „Vorburg“ der Oberburg von Gondorf mit ihrer Toranlage um 1896. Der polygonale Eckturm dient heute als Glockenturm der daneben errichteten Kirche.

Der stattliche Torbau der „Vorburg“. Hier ein Blick von der „Hauptburg“ auf die Innenseite um das Jahr 1920.

Die beiden während des Bahnbaus 1876 niedergelegten Rundtürme der „Hauptburg" waren vermutlich die ältesten Teile der Oberburg von Gondorf. Im Hintergrund der südwestliche Eckturm der Hauptburg.

Die um 1200 von Pfalzgraf Heinrich erbaute, später kurtrierische-kurkölnische Doppelburg Thurandt oberhalb von Alken im Jahre 1880. Am Ortsrand das Burghaus der Herren von Wildberg von 1616, daneben die alte Pfarrkirche St. Michael und rechts die neue Pfarrkirche von 1846/48. Im Ort ein mächtiger viereckiger Torturm, die so genannte Fallersport, und am Moselufer ein heute frei stehender Rundturm der ehemaligen Stadtbefestigung aus der Zeit von Kurfürst Balduin (1307-54).

Die bis ins frühe 12. Jahrhundert zurückreichende Ehrenburg von Brodenbach im Jahre 1908. Markant sind der im 14. Jahrhundert zu einem hohen Doppelturm ausgebaute Bergfried sowie die „Vorburg“ mit einem so genannten Rampenturm, durch den spiralförmig eine Auffahrt zum Hinaufziehen der Kanonen führt.

Die im 12. Jahrhundert errichtete Burg Bischofstein mit der in Teilen noch spätromanischen Pauluskapelle im Jahre 1910. Am Fußweg zur Burg die Stationen der „Sieben Fußfälle“ aus dem späten 17. Jahrhundert. Die Uferstraße erfüllt wie die Weinbergspfähle kaum die Anforderungen unserer Zeit. Nach 1930 wurde die Burg weitgehend wieder aufgebaut.

Die Burg Bischofstein – im Jahre 1908 von Westen her gesehen. Die Aufnahme lässt den Zustand vor dem Wiederaufbau erkennen. Die Weinberge rund um die Burg sind heute verschwunden. Rechts im Hintergrund sichtbar ist das Moseldorf Burgen.

Karden mit der romanischen Stiftkirche St. Kastor und dem Zillesberg mit der Zilleskapelle (ehemals St. Cyriakus) aus dem frühen 17. Jahrhundert. Ebenfalls erkennbar der Ort Treis mit der Pfarrkirche St. Johann Baptist (1823-31 von J.C. von Lassaulx erbaut) und im Hintergrund – schwach sichtbar – die beiden Treiser Burgen.

Die wohl schon im 11. Jahrhundert entstandene Burg Treis mit quadratischem Bergfried (links) und die nur wenig später (vor 1122) von Otto von Rheineck d. Ä. errichtete Wildburg bei Treis auf einer Aufnahme aus dem Jahre 1900.

Die Ruinen des Bergfrieds der angeblich schon im Jahre 996 gegründeten späteren Reichsburg Coraidelstein bei Klotten – um das Jahr 1910 von Süden her gesehen.

Die Ruinen des romanischen Bergfrieds der Burg Coraidelstein bei Klotten mit Blick auf die Maximinuskirche und den Ort von Norden um 1920.

Die in der Mitte des 13. Jahrhunderts erbaute Winneburg bei Cochem (hier um 1910) befand sich seit 1652 im Besitz der Freiherren von Metternich. Die einstigen Weinberge sind schon lange aufgegeben.

Die um 1020 angelegte Burg Cochem im Jahre 1898. Nach ihrer Zerstörung durch die Franzosen im Jahre 1689 wurde sie 1868-77 unter Verwendung des alten Mauerwerks wieder aufgebaut. Unterhalb davon die 1680 erbaute Pestkapelle St. Rochus. Am Ortsrand sichtbar das Martinstor und im Hintergrund das Kapuzinerkloster sowie die Pfarrkirche St. Martin.

Die vermutlich bereits im 12. Jahrhundert errichtete Burg Metternich bei Beilstein mit dem ehemaligen Karmelitenkloster (heute Pfarrkirche St. Josef) und dem historischen Ortskern im Jahre 1919 von Westen her gesehen.

Burg Metternich von Beilstein mit ihrem ungewöhnlichen fünfeckigen Bergfried und der den Ort beherrschenden Klosterkirche im Jahre 1897. Die Burg gelangte 1637 in den Besitz der Freiherren von Metternich. Am Ortsrand erkennt man die Reste der ehemaligen Ortsbefestigung.

Die Burgruine Arras im Jahre 1905. Ihre Anfänge gehen noch auf Pfalzgraf Hermann im Jahre 938 zurück. Unter Wahrung der alten Baureste wurde sie 1907-10 teilweise wieder aufgebaut.

Die Burg Arras nach ihrem Wiederaufbau in den 1920er-Jahren aus einer ungewöhnlichen Perspektive.

Ein Blick um 1910 auf das 1530-42 als kurfürstliche Nebenresidenz errichtete Schloss in Zell, das zugleich als Sitz des kurtrierischen Amtmannes und Amtskellners diente. Links ein Ökonomiegebäude von 1548/49. Hinter dem Schloss die Pfarrkirche St. Peter und Paul – ein weiträumiger spätbarocker Saalbau (1786/92) mit einem der höchsten Kirchtürme des Moseltales.

Der vordere Flügel des Zeller Schlosses von 1543 auf einer Aufnahme um 1910. Auf einem Sockel in der Mauer steht eine Steinfigur der Jagdgöttin Diana.

Die Ruinen der um 1350 von Johann III. von Sponheim erbauten Grevenburg bei Trarbach um das Jahr 1900. 1735 wurde die Burg von den Franzosen gesprengt.

Eine Ansicht der Grevenburg bei Trarbach nach der Ergänzung des Mauerwerks (1902) und der Errichtung der Burgschenke (1910).

Blick von Süden auf die Ruine der Burg Landshut bei Bernkastel mit dem 30 Meter hohen Bergfried im Jahre 1907. Der sicher schon im 13. Jahrhundert begonnene Bau wurde unter Kurfürst Balduin 1320 vollendet. 1693 fiel die Burg einer Feuersbrunst zum Opfer.

Die Burgruine Landshut bei Bernkastel im Jahre 1907. Hier ein Blick vom Tiefenbachtal im Osten.

Die Burgruine Landshut aus der Vogelperspektive auf einer der ersten „Luftaufnahmen“ aus den 1920er-Jahren.

Das 1884-1887 im historistischen Stil von Eduard Puricelli erbaute Schloss Lieser, später Wohnsitz der Freiherren von Schorlemer, auf einer Aufnahme um 1920.

Die seit 1107 bezeugte Burg Veldenz wurde 1680 von den Franzosen zerstört. In den letzten Jahrzehnten wurde die Ruine (hier um 1920) unter Berücksichtigung des alten Mauerwerks teilweise wieder aufgebaut.

Ein Rundturm als letzter Rest der ehemals erzbischöflichen Petersburg von Neumagen. Der Bau soll auf Erzbischof Boemund von Warsberg (1286-1299) zurückgehen.

Der unter Kurfürst Johann Philipp von Walderdorff (1756-68) neu errichtete Südflügel des kurfürstlichen Palastes in Trier mit der ursprünglich integrierten römischen Palastaula (Basilika) aus der Zeit Kaiser Konstantins im Jahre 1902. Das Palais diente bis 1930 als Kaserne und das davor liegende Areal als Exerzierplatz.

Der kurfürstliche Palast in Trier im Jahre 1909: Ein einsamer preußischer Soldat hält Wache am Haupteingang des Südflügels.

Die renaissancezeitlichen Treppentürme im Innenhof des kurfürstlichen Palastes in Trier im Jahre 1920: links der Turm an der Nordostecke, rechts der 1938 abgebrochene Turm an der Südostecke. Eine dritter Turm in der Nordwestecke wurde mit dem Wiederaufbau der Palastaula (Basilika) 1846 niedergelegt.

Der im Zweiten Weltkrieg zerstörte Ostbau, welcher um einen turmartigen Anbau versetzt an den heutigen Ostflügel des kurfürstlichen Palastes angrenzte, im Jahre 1900.

Stadt- und Ortsbefestigungen

Mindestens 14 der an der Mosel gelegenen Ortschaften waren – von den beiden mittelalterlichen Zentren Koblenz und Trier abgesehen – zwischen dem 13. und 15. Jahrhundert befestigt worden. Dabei wurde der zu schützende Ort möglichst eng mit einer Ringmauer umzogen, in die zu Verteidigungszwecken auch einzelne Rundtürme und quadratische Tortürme integriert waren. Bis ins 2. Jahrhundert n. Chr. reichen sogar die weiter genutzten Reste der Trierer Stadtmauer zurück, zu der mit der Porta Nigra das einzige nahezu vollständig erhaltene römische Stadttor nördlich der Alpen gehört. Auch die Stadtbefestigung von Koblenz greift teilweise auf eine spätrömische Befestigung zurück. Als erste mittelalterliche „Neuanlage" ist für 1229 die Stadtbefestigung von Zell bezeugt.

Die Mehrzahl der Orts- und Stadtbefestigungen wurde – wie die Burgen – im Zuge der Reunionskriege Ludwigs XIV. um 1689 geschleift und danach oft als Steinbruch ausgebeutet. Nur geringe Spuren haben sich daher in Pünderich und Ehrang erhalten; andere vor hundert Jahren noch gut sichtbare Reste sind heute, wie in Merl und teilweise in Bernkastel, dem Bahn- oder Straßenbau zum Opfer gefallen. Einige Relikte wurden dagegen in den letzten Jahrzehnten von störenden Anbauten freigestellt, rekonstruiert und wieder aufgebaut. Meist beschränken sich die sichtbar erhaltenen oder zugänglichen Relikte auf einzelne Toranlagen oder Türme, wie in Winningen oder Briedel. Relativ viele Befestigungsreste, die vor hundert Jahren nicht auf den ersten Blick wahrgenommen werden konnten, weisen dagegen noch Alken (vgl. S. 15 unten), Cochem, Beilstein, Ediger, Zell, Enkirch, Trarbach, Bernkastel oder Pfalzel auf.

Das heute wieder aufgebaute Horntor der seit 1398 belegten Ortsbefestigung von Winningen ist der letzte sichtbare Rest der einstigen Ringmauer des Ortes (Aufnahme um 1910).

In Cochem haben sich – auf den ersten Blick oft nicht sichtbar – noch zahlreiche Reste der nach 1332 errichteten Stadtbefestigung erhalten. Der Blick über die Stadt zur Burg lässt um 1905 neben dem Friedhof (Bildmitte) Teile der Stadtmauer sowie zwei ihrer Türme erkennen.

Das Enderttor der Cochemer Stadtbefestigung auf einer Aufnahme um das Jahr 1910.

Ein Blick durch eine kleinere Toranlage auf die Burg Cochem um das Jahr 1920.

Burg Metternich oberhalb von Beilstein um 1860. Im Vordergrund des Fotos aus den Beständen des Landesmuseums Koblenz sind die Reste der einstigen Ortsbefestigung aus dem 14. Jahrhundert sichtbar.

Der nordwestliche Eckturm mit einem vierseitigen Fachwerkaufbau aus dem 16. Jahrhundert im Jahre 1919. Rechts außerhalb der mittelalterlichen Befestigung steht das ehemalige Zollhaus.

Der südöstliche Turm der Beilsteiner Ortsbefestigung mit Rundbogenfries und Zeltdach im Jahre 1919.

Ein weiterer Turm im Ortskern von Beilstein – aufgenommen im Jahre 1919.

Ansicht von Ediger um 1920 mit zwei kleineren Rundtürmen (am Moselufer) der nach 1363 errichteten Stadtbefestigung. Auch hier sind versteckt noch zahlreiche Reste der ehemaligen Umwehrung erhalten. Der hohe schlanke Turm unterhalb der Kirche ist jedoch der alte Fährturm.

Mit ähnlichen Rundtürmen wie in Ediger wurde nach 1471 auch Merl befestigt. Während der hier abgebildete untere Turm 1903 dem Bau der Moseltalbahn zum Opfer fiel, wurde der zweite Turm, der so genannte Eisturm, abgetragen und mit dem Bahnhofsgebäude neu errichtet.

Der Viereckige und der Runde Turm der erstmals für 1229 bezeugten Zeller Stadtbefestigung um 1900. Der Viereckige Turm wurde, wie jüngste dendrochronologische Untersuchungen ergaben, um 1404 im Zuge einer Verstärkung der Umwehrung neu errichtet.

Ansicht von Zell aus dem Jahre 1898 mit den Resten seiner nach 1220 begonnenen und 1689 von den Franzosen geschleiften Stadtbefestigung: im Tal der Viereckige Turm (Bachturm) zum Schutz des Bachtores, über der Stadt der Runde Turm (Pulverturm). Links sichtbar ist das Rathaus von 1882.

Der Eulenturm über Briedel um 1920. Heute mit hohem Zeltdach versehen, ist er einer der wenigen noch sichtbaren Reste der ehemaligen Ortsbefestigung, deren Bau um 1343 begonnen wurde. Noch bis 1880 diente er als Aussichtsturm für den Briedeler Nachtwächter.

Die Toranlage am alten Hospital von Enkirch unweit der Mosel im Jahre 1915. Die Befestigung – zunächst nur ein Mauerring um den Kirchhof – wurde 1499 erheblich erweitert, aber schon 1723 wieder weitgehend abgebrochen.

Die in ihren Grundfesten bis in die Mitte des 14. Jahrhunderts zurückreichende Stadtmauer von Trarbach mit einer zugemauerten Toranlage an der spätgotischen Kirche (ehemals St. Nikolaus).

Blick auf das Graacher Tor in Bernkastel im Jahre 1911. Das Tor ist eines der wenigen Relikte der um 1300 fertig gestellten Stadtbefestigung, die bereits 1689 von den Franzosen geschleift wurde.

Ein Rundturm der ehemaligen Stadtbefestigung von Bernkastel um 1915. 1974 wurde der Turm wegen Baufälligleit abgebrochen.

Der Torturm der ehemaligen Ortsbefestigung von Pfalzel unweit der alten Pfarrkirche St. Martin um 1920. Die Anfänge der Stadtbefestigung reichen bis ins späte 14. Jahrhundert zurück. Der Turm wurde gegen Ende des Zweiten Weltkrieges fast gänzlich zerstört.

Die Porta Nigra, ein noch weitgehend erhaltenes römisches Stadttor aus dem späten 2. Jahrhundert n. Chr., um 1900 von der Landseite her gesehen. Die Porta Nigra überdauerte die Stürme der Zeit, da sie in der Mitte des 11. Jahrhunderts zur einer Stiftskirche (St. Simeon) umgebaut wurde. 1803 ordnete Napoleon die Entfernung aller mittelalterlichen Einbauten an; lediglich der romanische Ostchor blieb erhalten.

Die Porta Nigra um 1900 von der Stadtseite her gesehen. Links schließen die Bauten des ehemaligen Simeonstiftes an.

2
Klöster, Klausen, Kirchenbauten

Zu den Höhepunkten des reichen moselländischen Kulturerbes zählen zweifellos auch die vielfältigen Kirchenbauten mit ihren teilweise recht imposanten Kirchtürmen und ihrer qualitätvollen Innenausstattung. Allerdings würde es den Rahmen dieses Bandes sprengen, wollten wir auch die reiche Architektur der Trierer und Koblenzer Kirchen und die Vielzahl der dortigen Klöster in unsere Betrachtung einbeziehen.

Außerhalb von Koblenz und Trier haben sich Spuren von immerhin 14 Klöstern, Stiften oder Propsteien erhalten. Während das Fraterherrenkloster in Wolf bereits im Jahre 1560 infolge reformatorischer Bestrebungen säkularisiert wurde, sind die übrigen spätestens durch ein Dekret Napoleons im Jahre 1802 aufgelöst worden. Einige Klosterkirchen wurden danach, wie jene von Stuben, auf Abbruch verkauft, andere hatte die französische Verwaltung, wie in Karden, Beilstein, Merl, Enkirch und Filzen, anstelle eines älteren Gotteshauses zur neuen Pfarrkirche erhoben. Keine dieser Klosteranlagen wurde später – wie etwa die in der Eifel gelegenen Klöster Himmerod von den Zisterziensern, Maria Laach von den Benediktinern oder Springiersbach von den Karmeliten (vor 1802 Augustinerchorherren) – wieder begründet. Lediglich in der zur Pfarrkirche erhobenen Karmelitenkirche von Beilstein wirkt heute wieder ein einzelner Karmelitenpater, dem die Verwaltung der Pfarrei übertragen ist.

Die ältesten Klostergründungen im Moseltal reichen noch bis ins 7./8. Jahrhundert zurück (Pfalzel, Karden). Weitere entstanden im Zuge der benediktinischen Reformbewegungen des 11. Jahrhunderts (Propstei Ebernach und Klotten). Seit dem 12. Jahrhundert wurde das abendländische Mönchtum von neuen Orden geprägt. Augustinerchorherren gründeten im Moseltal Frauenklöster in Stuben bei Bremm sowie auf der Marienburg bei Zell und Zisterzienser wiederum in Machern gegenüber von Zeltingen. Ab dem späten 13. Jahrhundert treten schließlich Bettelorden (Franziskaner / Minoriten) mit neuen Niederlassungen in Merl und Filzen in Erscheinung. Im Zuge der Gegenreformation wurden von Kapuzinern während des Dreißigjährigen Krieges Klöster in Cochem und Bernkastel errichtet. Zugleich wurden Karmeliten im bis dahin lutherischen Beilstein angesiedelt. Die letzte Klostergründung in Enkirch (Franziskaner, 1678) ist ebenso wie der Neubau einer großen dreischiffigen Kirche in Beilstein (1686) sicherlich das Ergebnis von Rekatholisierungsbemühungen der Franzosen, die damals die linksrheinischen Territorien besetzt hielten.

Die erhaltene Klosterarchitektur ist auch ohne Berücksichtigung der Trierer und Koblenzer Klosteranlagen eine kunsthistorische Augenweide. Dreischiffige, romanische Basiliken haben sich etwa in Pfalzel und Karden (hier mit mächtigen Türmen und markantem Ostchor ähnlich dem Trierer Dom) erhalten. Beachtenswerte (spät)gotische Kirchen sind in Merl (mit Antwerpener Flügelalter aus der ehemaligen Pfarrkirche St. Michael), Enkirch und Bernkastel-Kues nahezu unverändert auf uns gekommen. Aufwendige barocke Klosterkirchen prägen noch heute das Ortsbild von Beilstein und Filzen (hier mit romanischem Turm der Vorgängerkirche). Beachtenswert sind auch die frühbarocke Klosterkirche von Machern sowie die Ruine der 1685 in gotisierender Form errichteten Kirche von Stuben.

Ähnliche Aufmerksamkeit verdient ebenso die Architektur der zahlreichen Pfarr- und Filialkirchen, denen wir bei einer Reise durch das Moseltal begegnen können. Oft liegen bzw. lagen sie erhöht über den Ortschaften, ehe sie in den letzten beiden Jahrhunderten im Tal neu errichtet wurden (vgl. z.B. Alken, Hatzenport, Neef, St. Aldegund, Zell). Dabei fällt auf, dass viele dieser Kirchenbauten noch ihren ersten romanischen Steinturm (teils mit Aufbauten oder veränderter Haube) aufweisen, während das zugehörige Kirchenschiff in den Jahrhunderten danach mitunter mehrfach erneuert wurde.

Reine romanische Bauten haben sich bei den Pfarrkirchen – von den zahlreichen Türmen einmal abgesehen – nicht erhalten. Viele Kirchenschiffe gehen im Kern aber auf (spät)gotische Bauten zurück. Besonders sehenswert aus dieser Epoche sind die Gotteshäuser von Alken (mit Malereien des frühen 14. Jahrhunderts), Briedern, Ediger, St. Aldegund (ebenfalls mit Malereien des 14. Jahrhunderts), Enkirch, Traben, Trarbach und Bernkastel. Zahlreicher sind auch barocke Saalkirchen vertreten, unter denen jene von Briedel und Piesport besonders hervorstechen, da nur dort – von St. Paulin in Trier abgesehen – die barocken Deckenmalereien erhalten blieben. Am Übergang zum Klassizismus steht zumindest von der Innenausstattung her die Pfarrkirche von Zell, eine der größten Kirchen des Moseltals. Ebenso bemerkenswert sind auch die Kirchen der ersten Hälfte des 19. Jahrhunderts [vgl. Kobern (S. 11), Alken (S. 15) oder Treis (S. 18)], die entweder von J.C. Lassaulx erbaut oder zumindest von ihm inspiriert wurden.

Blick um 1915 auf den großenteils auf das 11. Jahrhundert zurückgehenden Westteil des Trierer Domes und die frühgotische Liebfrauenkirche (um 1135), den ältesten gotischen Zentralbau Deutschlands. Links zwischen den Bäumen ein im Jahre 1893 zu Ehren von Kaiser Wilhelm I. errichtetes Standbild. 1923 erstmals von rheinischen Separatisten gestürzt, wurde es nach seiner Wiederherstellung 1944 endgültig vom Domfreihof entfernt und der Metallspende zugeführt.

Die ehemalige Stiftskirche St. Kastor in Karden – mit dreischiffiger romanischer Basilika, mächtigem Westturm sowie zwei Chorflankentürmen – erinnert an den Trierer Dom. Rechts am Moselufer steht das so genannte Burghaus des kurtrierischen Schultheissen Simon Broy von 1562 (Aufnahme von 1910).

Blick um 1910 auf die ehemalige Stiftskirche St. Kastor in Karden und die untere Klause (die ehemalige St. Georgskapelle von 1318), die heute als evangelische Kirche dient.

Die im späten 15. Jahrhundert errichtete und 1944 weitgehend zerstörte Pfarrkirche St. Martin in Cochem um 1910. Darüber das 1623 gegründete Kapuzinerkloster mit der Kirche und zweigeschossigen Klostergebäuden um einen Kreuzgang.

Die ab 1686 errichteten Klostergebäude des 1636 gegründeten Karmelitenklosters von Beilstein im Jahre 1919. Heute dient die ehemalige Klosterkirche als Pfarrkirche St. Josef von Beilstein.

Die Ruinen des 1137 gegründeten Augustiner-Nonnenklosters Stuben bei Bremm um 1910. Das im gotischen Stil gestaltete Kirchenschiff geht auf einen Neubau der Jahre 1685-87 zurück.

Der Moselort Bremm mit den Ruinen des Augustiner-Nonnenklosters Stuben auf dem gegenüberliegenden Moselufer um 1920. Im Hintergrund der Calmond, der steilste Weinberg Europas.

Die Ruinen des nach 1152 gegründeten Augustiner-Nonnenklosters Marienburg bei Zell im Jahre 1908. 1515 wurde das Kloster aufgelassen, um an dem strategisch bedeutsamen Ort einer neuen Befestigungsanlage Platz zu machen. Die Ruine der bis ins 14. Jahrhundert zurückreichenden Kirche wurde 1952-57 wieder aufgebaut. Foto aus den Beständen des Landesmuseums Koblenz.

Die Ruinen des gotischen Chores mit einer angebauten Kapelle aus der 2. Hälfte des 15. Jahrhunderts auf einem Foto um das Jahr 1910. Bis in die 1930er-Jahre wurde das Kirchenschiff zu gastronomischen Zwecken genutzt. Lediglich eine im Chorraum aufgestellte Madonnenstatue erinnerte an die einstige Nutzung des heute wieder als Kirche dienenden Gemäuers.

Blick auf die bis in das späte 13. Jahrhundert zurückreichende Klosterkirche (heute Pfarrkirche St. Michael) des ehemaligen Minoritenklosters und seiner größtenteils barock umgestalteten Nebengebäude in Merl.

Die ehemalige Marienwallfahrtskirche (1475-92) und spätere Klosterkirche der Franziskaner (1685-1802) dient heute als katholische Pfarrkirche St. Franziskus von Enkirch. Bemerkenswert sind die parallelen Ostchöre der einschiffigen Kirche. Aufnahme um 1920.

Die Ruine der ehemaligen Liebfrauenkirche oberhalb von Wolf um das Jahr 1920. Ursprünglich wohl als Pfarrkirche genutzt, diente sie von 1478-1560 als Klosterkirche der Windesheimer Kongregation (Fraterherren). Seit dem 17. Jahrhundert war sie dem Verfall preisgegeben.

Ehemaliges Zisterzienserinnenkloster Machern mit der ab 1688 erbauten Kirche St. Maria gegenüber von Zeltingen um 1910. Das Kloster, erstmals für 1084 bezeugt, wurde 1238 neu gegründet.

Das 1447 von Kardinal Nikolaus von Cues gestiftete Cusanusstift mit gotischer Kapelle, Konventssaal und weiteren Klostergebäuden im Jahre 1899.

Der dem Cusanusstift zur Mosel vorgelagerte mächtige Torbau auf einer Aufnahme aus dem Jahre 1907.

Blick über die Altstadt von Bernkastel auf das Cusanusstift. Links das nach einer Brandstiftung im Jahre 1857 auf seinen alten Mauern wiedererrichtete ehemalige Kloster der Kapuziner, welche sich 1641 in Bernkastel niedergelassen hatten.

Das Moseldorf Filzen um 1920 mit der vom späteren Hofbaumeister Paul Kurz 1712-1720 erbauten Klosterkirche der Franziskanerinnen (heute Pfarrkirche St. Josef). In die ehemaligen Klosterbauten einbezogen ist auch der um 1100 errichtete Turm der früheren Andreaskapelle.

Blick um 1905 von Süden auf die dreischiffige Stiftskirche von Pfalzel mit der südlich vorgelagerten ehemaligen Marienkapelle, welche 1961 für einen Erweiterungsbau bis auf den Chorraum abgetragen wurde.

Blick von Westen auf die dreischiffige ehemalige Stiftskirche von Pfalzel. Das Mauerwerk des Mittelschiffes lässt teilweise noch römische Fensterwölbungen des spätrömischen Palastes (Palatiolum) erkennen. Rechts schloss sich bis zur Abtragung 1961 die Marienkapelle an.

Hatzenport mit der alten spätgotischen Pfarrkirche St. Johannes über dem Ort und der 1869/70 errichteten neugotischen Pfarrkirche St. Rochus am Ortsrand. Auffallend ist auch der hohe schlanke Fährturm am Moselufer.

Über dem Ort wurde auch die St. Maximinus-Kirche von Klotten errichtet. Neben dem romanischen Westturm (1564 um ein Stockwerk erhöht) wurde im frühen 16. Jahrhundert ein Kirchenneubau (1868 erweitert) errichtet. Auf der gegenüberliegenden Bergkuppe steht die Reichsburg Coraidelstein.

Zwischen den hohen Dächern von Beilstein erkennt man auf diesem Foto von 1919 die 1732 unter Verwendung älterer Bauteile errichtete ehemalige Pfarrkirche St. Christopherus, die im Jahre 1805 profaniert wurde.

Ein Blick in den Chorraum der ehemaligen Pfarrkirche St. Christopherus von Beilstein im Jahre 1919 (links). Da der Kirchenraum inzwischen als Schule diente, war neben einem neu gebrochenen Zugang der königlich-preußische Adler (rechts) angebracht worden.

Der romanische Kirchturm der Pfarrkirche St. Andreas von Poltersdorf mit spitzbogiger Tordurchfahrt um 1920. Das auf der rechten Seite ansetzende spätgotische Kirchenschiff wurde 1952 für einen Neubau abgetragen.

Die Pfarrkirche St. Servatius in Briedern um 1910 mit spätromanischem Westturm und dem im Kern wohl zeitgleich entstandenen Kirchenschiff, das zahlreiche gotische Veränderungen aufweist. Bemerkenswert ist die zum Moselufer vorspringende Sakristei mit einem Fachwerkaufbau, die zugleich auch als Außenkanzel diente.

Die im Kern wohl noch romanische Kapelle auf dem Petersberg – hier ein Foto um das Jahr 1910 – war vermutlich die älteste Pfarrkirche von Neef, ehe sie in den Ort verlegt wurde.

Ebenfalls am Berghang oberhalb des Ortes gelegen: die alte Pfarrkirche St. Bartholomäus von St. Aldegund mit Westturm und einem auffallenden Rhombendach (hier um 1915). Im Innern des im Kern gotischen Schiffes konnten 1969 umfangreiche figürliche und ornamentale Malereien des 14./15. Jahrhunderts freigelegt werden.

In Alf steht der im Kern noch romanische Kirchturm isoliert von dem Kirchenschiff, das 1888 in Form einer neugotischen Basilika errichtet wurde. Die Aufnahme stammt aus dem Jahre 1899.

Der romanische Turm der ehemaligen Pfarrkirche St. Michael in Merl liegt heute mehr als 800 Meter von seinem Kirchenschiff, dem ehemaligen Minoritenkloster, entfernt. Nachdem die Klosterkirche 1805 zur Pfarrkirche erhoben worden war, wurde das Langhaus der alten Kirche abgebrochen. Lediglich ihr markanter Turm blieb erhalten und dient bis heute als Glockenturm, da die neue Pfarrkirche keinen eigenen Turm besitzt. Um 1920.

Die Pfarrkirchen von Kaimt und Zell um 1920. Während der 1770/71 oberhalb von Kaimt errichtete Saalbau 1970 mit Ausnahme seines romanischen Kirchturms einem Neubau weichen musste, ist die 1786/92 erbaute Kirche von Zell ein weiträumiger spätbarocker Saalbau. Sie besitzt zudem einen der höchsten Kirchtürme des Moseltals.

Auch die 1772-76 errichtete Pfarrkirche von Briedel (hier um das Jahr 1920) bildet einen unscheinbaren Saalbau, der jedoch eines der wenigen noch erhaltenen Deckengemälde des Moseltals mit üppigen Rokokoformen aufweist.

Blick um 1920 über Traben-Trarbach mit seinen vier Kirchen. Im Stadtteil Traben links die katholische Kirche St. Peter und Paul (1911) sowie die evangelische Pfarrkirche (ehemals St. Peter) mit romanischem Westturm und spätgotischem zweischiffigem Langhaus (1491). In Trarbach mit eingerüstetem Turm die katholische Pfarrkirche St. Nikolaus (1874) und erhöht über der Stadt die evangelische Pfarrkirche (ehemals St. Nikolaus) aus dem 14. Jahrhundert.

Die in der 1. Hälfte des 18. Jahrhunderts errichtete Pfarrkirche St. Stephan von Zeltingen um das Jahr 1910. Links im Hintergrund sind die Mauerreste der erstmals 1182 erwähnten Kunibertsburg sichtbar.

Die Pfarrkirche St. Michael und St. Sebastian in Bernkastel aus der 2. Hälfte des 14. Jahrhunderts mit Erweiterungen des 17. Jahrhunderts. Der ursprünglich frei stehende Turm aus dem frühen 14. Jahrhundert war zunächst für die Stadtbefestigung errichtet worden. In der Mitte das kurtrierische Amtsgebäude von 1656/61, dessen moselseitiger Kopfbau 1945 zerstört wurde. Aufnahme von 1901.

Die Pfarrkirche St. Michael von Piesport im Jahre 1903. Auch sie besitzt einen äußerlich weniger auffallenden Saalbau von 1776/77, der jedoch – neben Briedel und St. Paulin in Trier – im Moseltal die einzigen Deckenmalereien im Rokokostil aufweist.

Die Pfarrkirche St. Maria in Neumagen – ein Saalbau von 1792/93 mit spätromanischem Westturm – und die spätgotische Peterskapelle im Jahre 1903. Letztere ist möglicherweise eine ehemalige, schon vor 1314 errichtete Burgkapelle.

Die 1506 zu Ehren der Trierer Märtyrer gestiftete Märtyrerkapelle moselaufwärts von Neumagen. Bei dieser Aufnahme aus dem Jahre 1917 ist die weitgehend auf einen Umbau von 1764 zurückgehende Kapelle noch ohne Dachreiter und Chor.

3

Städtchen, Dörfer, Fachwerkbauten

Aufgrund des mäandrierenden Flusslaufes der Mosel, ihres meist schmalen Ufers mit den heute weitgehend verschwundenen Streuobstwiesen und den daran anschließenden, mit Weinstöcken bepflanzten Steilhängen, wie auch aufgrund der gleichartigen Arbeits- und Lebensbedingungen hatte sich bis in die ersten Jahrzehnte des 20. Jahrhunderts für die Ortschaften des Moseltals ein typischer Grundriss herausgebildet, der sich jedoch mit der Ausdehnung der Städte und Dörfer sowie der Suche nach neuen Baugebieten ab den 1950er-Jahren grundlegend veränderte. Bis dahin erstreckten sich die Dörfer – eingeengt zwischen Weinbergsterrassen und Flusslauf – meist an nicht mehr als zwei weitgehend hochwasserfrei parallel zur Mosel angelegten Ortsstraßen. Von ihnen führten senkrecht zum Fluss einzelne „Fuhrgassen“, über die man den ehemaligen „Leinpfad“ oder „Rittweg“ erreichte, auf dem einst die Halfen (Führer/Reiter) mit ihren Zugtieren die Schiffe moselaufwärts treidelten. Die heutigen Moseluferstraßen, die die einzelnen Ortschaften untereinander verbinden, sind in der Regel wesentlich jünger und selten vor dem Jahre 1850 angelegt worden. Die letzten dieser Straßen gehen gar auf Baumaßnahmen der späten 1920er-Jahre zurück.

Typisch für die alten Ortskerne im Moseltal ist die relativ enge und dichte Bebauung, die lediglich durch kleinere Wirtschaftshöfe aufgelockert wird. Zwischen Ufer und Steilhang blieb innerhalb dieser kleinräumigen, auf schmalen Parzellen errichteten Häuser nur selten Platz für größere Bauten. Dennoch treten neben den Kirchen vereinzelt auch repräsentative Gebäude aus dem Ortsbild hervor. Dahinter verbergen sich die ehemaligen Höfe der Klöster, des Erzbischofs und Kurfürsten oder des rheinischen Adels mit ihren stattlichen, massiv ausgebauten Herrenhäusern. Dass die ehemaligen geistlichen und adligen Höfe noch heute entlang der Mosel viele Ortsbilder dominieren, resultiert primär aus den zahlreichen Rebflächen. Der Wein galt nämlich im Mittelalter wie in der Neuzeit nicht nur als begehrtes sondern auch als gesundes und heilbringendes Getränk, an dem Kirche und Adel teilhaben wollten. Leider führte die enge Bebauung in einzelnen Ortschaften gerade im 19. Jahrhundert zu verheerenden Bränden, bei denen auch große Teile der Kleinstädte – wie in Zell im Jahre 1848 (152 Häuser, 900 Obdachlose) oder in Trarbach im Jahre 1857 (250 Häuser, 1400 Obdachlose) – zerstört wurden.

Obwohl im Laufe der Jahrhunderte viele Baudenkmäler Opfer von Kriegszügen oder Brandkatastrophen wurden, sind die einzelnen Dörfer und Städtchen mit ihren Burgen, Kirchenbauten und Hofanlagen noch heute die besten Lehrbücher einer wechselhaften Architektur und Baugeschichte. Besondere Aufmerksamkeit verdienen hier die vielfältigen Fachwerkhäuser, die sich in allen Orten oft noch in größerer Zahl erhalten haben – vor allem seit sich das alte Fachwerk wieder größerer Beliebtheit erfreut und in den letzten Jahrzehnten viele Häuser vom störenden Putz befreit wurden. Dem Liebhaber solcher Gebäude sei insbesondere ein Besuch in Bernkastel-Kues, Wehlen, Enkirch, Reil, Pünderich, Merl, Ediger, Beilstein oder Bruttig-Fankel empfohlen.

Bis ins 18. Jahrhundert wurden die meisten Häuser im Moseltal in gemischter Bauweise errichtet. Über dem massiven Unterbau (Weinkeller und Erdgeschoss) erhoben sich – oft zwischen mächtigen Brandmauern – die in Fachwerk ausgebauten Obergeschosse. Steil ausgebildete Dächer, unter denen sich große Speicherräume verbargen, schlossen den Typ des Einhauses („alles unter einem Dach") wirkungsvoll ab. Mitunter ergänzten kleinere Nebengebäude das Haupthaus.

Dabei haben sich im Laufe der Jahrhunderte bei den Fachwerkbauten vielfältige Formen herausgebildet. Trotz örtlicher und individueller Besonderheiten lassen sich für einzelne Zeitabschnitte klare Entwicklungslinien herausarbeiten. Noch ganz in der Tradition einer älteren Bauweise, die dem 14. und 15. Jahrhundert zugerechnet wird, stehen Bauten, die nur senkrechte und waagerechte Streben aufweisen und wegen der engen Ständerstellung keine diagonalen Streben besitzen. Ab dem späten Mittelalter (um 1500) werden jene Hölzer immer häufiger durch kraftvolle gebogene Verstrebungen (Figur des so genannten „wilden Mannes") ersetzt. An ihre Stelle tritt in der zweiten Hälfte des 16. Jahrhunderts eine neue Fachwerkfigur, die des so genannten „Strichmanns", an den sie entfernt erinnert. Infolge sich häufender Brandkatastrophen setzt sich ab dem 18. Jahrhundert mehr und mehr der barocke Massivbau durch, der den Fachwerkbau schließlich vollkommen verdrängt. Im späten 19. Jahrhundert treten dann unter dem Einfluss des Historismus immer häufiger stattliche Massivbauten auf.

Häusergruppe am Moselufer von Kues um 1900. Links das Geburtshaus des bedeutenden Theologen, Philosophen und Reformers Kardinal Nicolaus von Kues (1401-1464). Neben dem großen Kirchenlehrer Ambrosius (339-397) und dem Begründer des wissenschaftlichen Sozialismus, Karl Marx (1818-1883), zählt er zweifellos zu den bedeutendsten Moselanern. Die Aufnahme stammt aus den Beständen des Landesmuseums Koblenz.

Blick im Jahre 1910 auf den Ortskern von Lay mit der Kirche. Der Ostchorturm des einschiffigen, spätromanischen Baus stammt aus der Mitte des 13. Jahrhunderts. Im Zuge einer Erweiterung wurde die Kirche im Jahre 1928 erheblich umgestaltet.

Blick auf Winningen um 1915 mit der im Kern spätromanischen evangelischen Pfarrkirche mit Ostchorturm. Auffallend ist wieder das Rhombendach. Im 19. und 20. Jahrhundert wurde das Kirchenschiff mehrfach verändert.

Blick um 1908 über die Burg Bischofstein auf das Dorf Burgen mit einer Saalkirche von 1765 und dem im Jahre 1829 erneuerten Westturm.

Blick auf Burgen von der gegenüberliegenden Moselseite im Jahre 1910.

Moselkern im Jahre 1912 mit seiner Pfarrkirche St. Valerius mit romanischem Westturm und flachgedecktem Schiff von 1781.

Ein Raddampfer der Moseldampfschiffahrt-Aktien-Gesellschaft passiert im Frühjahr 1907 das Dorf Müden. Auffallend ist der hohe Fährmast am Moselufer.

Karden mit der ehemaligen Stiftskirche St. Kastor im Jahre 1910. Am linken Rand erkennt man einen romanischen Kirchturm, letzter Rest der ehemaligen Pfarrkirche St. Maria.

Blick im Jahre 1909 auf Pommern mit der Pfarrkirche St. Stephan, einem kreuzgratgewölbten Saalbau mit frühklassizistischer Ausstattung. Vom Kirchenschiff weitgehend verdeckt ist der frühgotische Kirchturm.

Klotten mit Burg Coraidelstein und der Pfarrkirche St. Maximinus im Jahre 1895.

Ein Blick im Jahre 1920 in die Gassen von Klotten. Einzelne Häuser lassen durchaus an ihrer Solidität zweifeln.

Cochem mit der Reichsburg, der Pestkapelle St. Rochus und Resten der ehemaligen Stadtbefestigung im Jahre 1912.

Blick im Jahre 1903 auf Cond mit der 1968 bis auf den romanischen Westturm abgebrochenen Pfarrkirche St. Remaclus.

Blick über Bruttig im Jahre 1902. Vor dem spätgotischen Kirchturm steht das Haus Schunk von 1657 – einst Wohn- und Amtshaus des Sponheimer Gerichtsschultheißen.

Bruttig im Jahre 1905. Am Moselufer erkennt man das Haus Schunk sowie als einziges Haus diesseits der Straße das ehemalige Rathaus von 1619 – ein dreigeschossiger Giebelbau mit rundem Treppenturm.

Ellenz im Jahre 1904: Oberhalb des Ortes steht in einem zu Beginn des 17. Jahrhunderts verlassenen Ortsteil die ehemalige Pfarrkirche St. Martin nebst ausgedehntem Friedhof. Am Moselufer die Sebastianuskapelle, die 1624 in gotischen Formen aus Anlass der Befreiung von der Pest errichtet wurde.

Poltersdorf mit der Pfarrkirche St. Andreas, die 1952 bis auf den romanischen Turm einem Neubau weichen musste.

Blick über den Marktplatz von Beilstein im Jahre 1919 mit der ehemaligen Pfarrkirche bzw. damaligen Schule.

Das 1537 am Marktplatz von Beilstein errichtete Zehnthaus mit einer Wappentafel der Familie Winneburg-Riedberg auf einer Aufnahme um 1920.

Die Klostertreppe von Beilstein um das Jahr 1920. Sie diente später häufig als Kulisse für Spielfilme.

Blick durch eine Tordurchfahrt unterhalb des ehemaligen Karmelitenklosters von Beilstein im Jahre 1919.

Blick über ein Fischerboot auf eine alte Häusergruppe von Senhals im Jahre 1898.

Alte Wohnhäuser in Ediger um 1920. Die so genannte Edigra-Gruppe im Vordergrund fiel 1957 dem Straßenbau zum Opfer. Rechts ein Turm der mittelalterlichen Ortsbefestigung.

Blick auf Eller und das Ellerbachtal um das Jahr 1920 mit seiner im 17. Jahrhundert errichteten Pfarrkirche St. Hilarius und einem typischen romanischen Westturm.

Blick auf Neef um 1920 mit der 1890 errichteten Pfarrkirche St. Peter und Paul. Am linken Bildrand das um 1545 vom Zeller Amtmann Konrad von Metzenhausen errichtete Burghaus.

St. Aldegund um 1920 mit der neuen Pfarrkirche St. Aldegundis und St. Bartholomäus (1864/75) und der alten, teilweise romanischen Pfarrkirche St. Sebastianus oberhalb des Ortes.

Das im Jahre 1810 erbaute „Hotel zur Post" in Alf lässt bereits zahlreiche klassizistische Einflüsse erkennen. Mit seinem schmucken Aussehen lud es die Reisenden noch hundert Jahre später ein, an der seit dem 18. Jahrhundert bestehenden Poststation zu verweilen.

Ein beliebtes Ausflugsziel war auch das Hotel Waldfrieden oberhalb von Alf – hier auf einer Aufnahme um 1910.

Die Mündung des Alfbaches in die Mosel im Jahre 1910. Zu beiden Ufern erstreckt sich das Dorf Alf. Im Hintergrund lässt sich auf einem Bergkegel die Burg Arras ausmachen.

Das Moseldorf Merl von den Ruinen der Marienburg um 1920. Die große Distanz zwischen Kirchturm und Kirchenschiff wird dem Betrachter hier besonders deutlich.

Die Merler „Laaf", in den 1930er-Jahren als Verkehrshindernis abgebrochen, auf einer Aufnahme um das Jahr 1920.

Blick um 1920 auf Zell vom Runden Turm – dem Pulverturm der bis ins 13. Jahrhundert zurückreichenden Stadtbefestigung – aus. Aus dem Stadtbild heben sich das „neue" Rathaus von 1882 und die Pfarrkirche St. Peter und Paul hervor. Rechts hinter der Stadt erstreckt sich die berühmte Weinlage „Zeller Schwarze Katz". Im Hintergrund sichtbar der heutige Stadtteil Merl.

Blick in die Hauptstraße (Balduinstraße) von Zell im Jahre 1899. Die Häuser auf der linken Seite fielen 1902 einem Brand zum Opfer. Im Hintergrund sind die Umrisse der Pfarrkirche schwach erkennbar.

Das alte Rathaus von Kaimt, später Schule und 1935 abgebrannt, galt als eines der schönsten Fachwerkhäuser an der Mosel. Auf der um 1910 gemachten Aufnahme ist links vom Rathaus auch der Maximiner Hof erkennbar.

Der Wadgassener Hof, dahinter der Waldecker Hof und das Haus Treis am Moselufer von Kaimt um 1910. Der Wadgassener Hof ging 1956 und der Waldecker Hof 1962 in Flammen auf.

Ein Blick durch den oberen Torbogen des Himmeroder Hofes (Mönchhof) in Briedel um das Jahr 1910.

Das sogenannte Haus Graf Salm in Briedel, um 1580 vielleicht als Hofhaus der Grafen von Salm errichtet. Aufnahme um 1920.

Das Haus Hauptstraße 91 in Briedel zählt heute zu den schönsten Fachwerkhäusern des Moseltals. Aufnahme um 1910.

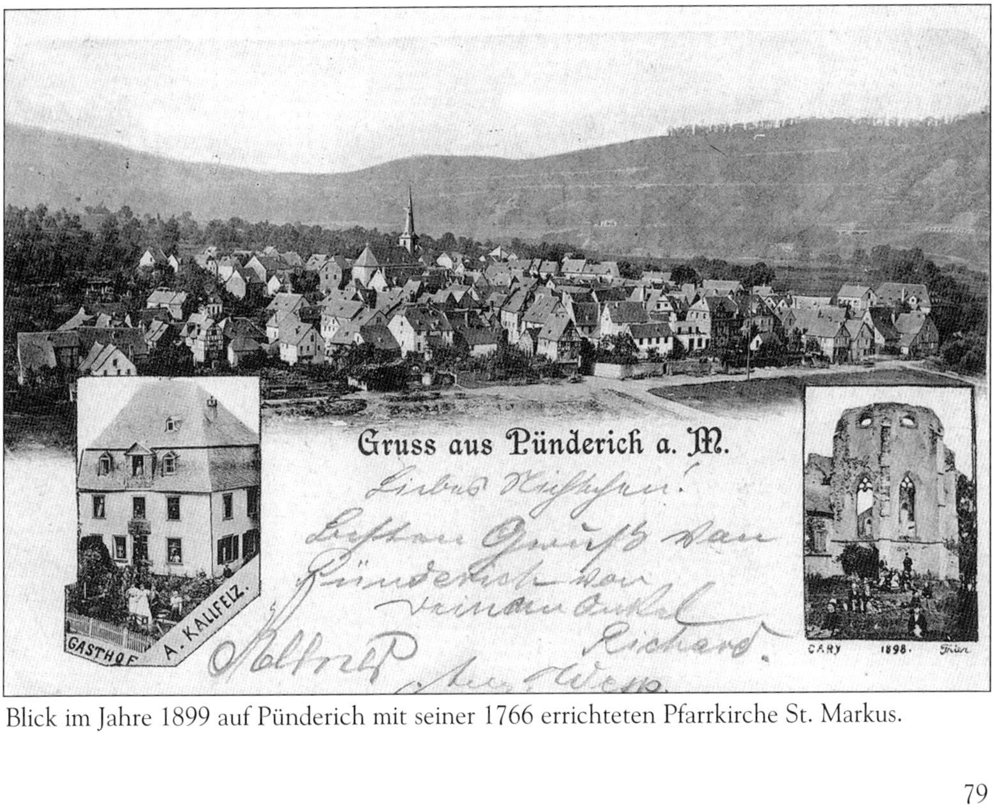

Blick im Jahre 1899 auf Pünderich mit seiner 1766 errichteten Pfarrkirche St. Markus.

Reil mit einer Vielzahl alter Häuser vom gegenüberliegen Moselufer um 1915. Die Pfarrkirche lag ursprünglich auf der anderen Moselseite und wurde erst 1839/41 in Reil selbst errichtet.

Blick über Enkirch mit seiner gotischen Pfarrkirche im Jahre 1899.

Ein Blick auf Trarbach im Jahre 1888 von der Trabener Moselseite her.

Der umgekehrte Blick: Traben, im selben Jahr von der Trarbacher Moselseite aus gesehen.

Eine gerade fertig gestellte Brücke verbindet die neue Doppelstadt Traben-Trarbach. Der Bau der Moseltalbahn hat auf dieser Aufnahme von 1902 noch nicht begonnen.

Blick um 1920 auf Traben und Trarbach mit der Grevenburg – von halber Höhe des Mont Royal aus gesehen.

Blick über die Ruinen der Grevenburg nach Traben und Trarbach um 1908. Im Tal die katholische Pfarrkirche St. Nikolaus von Trarbach.

In den Thermalbädern von Bad Wildstein – hier eine Aufnahme um 1920 – suchten viele Kurgäste seit dem frühen 20. Jahrhundert Heilung und Genesung.

Historische Fachwerkbauten in dem heute zu Traben-Trarbach zählenden Dörfchen Rissbach um 1915.

Blick um 1910 auf Wolf mit seiner Pfarrkirche von 1685. Statt der Fähre verbindet heute eine Brücke den Ort mit den Weinbergen am gegenüberliegenden Ufer.

Links die Burg zur Leyen mit dem an den ausgehöhlten Fels „geklebten“ Wachturm. Daneben zwischen den schwer zugänglichen Felsen die Weinberge des „Erdener Treppchens“. Am anderen Moselufer sichtbar die Fähre von Erden, um 1920.

Die Felsen der Burg zur Leyen mit Erden (und Lösnich) am gegenüberliegenden Moselufer, um 1920.

Das Moseldorf Ürzig um 1920 mit seiner neugotischen Pfarrkirche St. Maternus, deren Westturm jedoch bis ins 15. Jahrhundert zurückreicht. Im Hintergrund die Felsen der Burg zur Leyen.

Auch in der Umgebung des Ürziger Marktplatzes gab es zahlreiche sehenswerte Fachwerkhäuser, wie man auf diesen Aufnahmen um 1910 erkennen kann.

Ein Blick auf den Ortskern von Zeltingen um das Jahr 1890.

Ungefähr 30 Jahre später wurde diese Ansicht Zeltingens aufgenommen.

Blick auf Wehlen mit seiner neogotischen Pfarrkirche und der profanierten ehemaligen Pfarrkirche St. Agatha aus dem Jahre 1669.

Die Bauten des zur Abtei St. Martin in Trier gehörenden Josefshofes bei Graach reichen vornehmlich bis ins 18. Jahrhundert zurück. Lediglich die Kapelle im Vordergrund wurde bereits 1672 errichtet. Im Hintergrund auf der anderen Moselseite liegt Wehlen. Aufnahme um 1920.

Blick über Bernkastel zur Burg Landshut im Jahre 1919. Neben der Pfarrkirche St. Michael fällt am linken Bildrand das ehemalige Kapuzinerkloster ins Auge.

Blick über die Altstadt von Bernkastel im Jahre 1904: Im Vordergrund steht das große kurtrierische Amtsgebäude von 1656/61, dessen moselseitiger Kopfbau 1945 zerstört wurde. Auf der gegenüberliegenden Moselseite erkennbar ist das Cusanusstift mit seinen verschiedenen Nebengebäuden und im Hintergrund das Moseldorf Graach.

Kues im Jahre 1890 mit der über dem Ort gelegenen Pfarrkirche St. Brixius, einem Saalbau mit Frontturm von 1784. Bemerkenswert ist die Häuserreihe am Moselufer mit dem Geburtshaus des Kardinals Nikolaus von Cues (unter dem Kirchturm).

Blick im Jahre 1910 auf Lieser mit der am oberen Ortsrand errichteten Pfarrkirche St. Peter, einem Saalbau von 1782 mit vorgelagertem Südturm von 1860. Am linken Rand sieht man das 1884-87 erbaute Schloss Lieser.

Blick um das Jahr 1920 über Minheim mit seiner Pfarrkirche St. Johann Baptist, einem 1840-42 entstandenen Saalbau.

Die Moselfront von Piesport mit der Pfarrkirche St. Michael, einem Saalbau von 1776/77, im Jahre 1903.

Blick auf eine alte Häusergruppe in Ferres, heute ein Ortsteil von Piesport, im Jahre 1903.

Blick um 1920 über Dhron mit der Dreifaltigkeitskirche von 1910. Rechts neben der alten Dhronbrücke ist das Schiff der ehemaligen Nikolauskapelle aus dem frühen 18. Jahrhundert zu erkennen.

Blick über Neumagen mit der Pfarrkirche St. Maria und der Peterskapelle kurz nach Fertigstellung der Moseltalbahn im Jahre 1903.

Trittenheim mit der Pfarrkirche St. Clemens, einem Saalbau von 1790-93. Auf der Aufnahme um 1920 sind hinter der Brücke die überflüssig gewordenen Fährtürme des 18. Jahrhunderts erkennbar.

Leiwen mit seiner Pfarrkirche St. Stephan und Rochus um 1920. Die Kirche umfasst zahlreiche Erweiterungsbauten, wobei der spätgotische Chor noch bis in die Zeit um 1500 zurückreicht. Der Turm und das Langhaus wurden 1769 errichtet. Bemerkenswert ist auch der 1903 erbaute Viadukt der Moseltalbahn.

Blick im Jahre 1903 über Mehring mit seiner 1834 errichteten Pfarrkirche St. Medard. Rechts steht noch ein Fährturm aus dem späten 18. Jahrhundert.

Longuich mit der 1771 errichteten Pfarrkirche St. Laurentius nach dem Bau der ersten Brücke, um 1910.

Schweich um 1910, kurz nach dem Neubau der Brücke. Unweit der Brücke liegt das 1758 errichtete Amtshaus der ehemaligen Abtei St. Maximin.

Blick um 1910 über Pfalzel mit der ehemaligen Pfarrkirche St. Martin (links) – 1773-78 als Saalbau errichtet – und der teilweise auf römisches Mauerwerk zurückgreifenden Stiftskirche St. Maria.

Häuserreihe an der Mosel in Pfalzel mit der ehemaligen Pfarrkirche St. Martin im Jahre 1900.

Blick im Jahre 1898 über Ruwer mit seiner Pfarrkirche St. Clemens, einem Neubau von 1870/71 unter Einbeziehung eines älteren Turmes von 1754.

Blick auf den Ort Ruwer und die Ruwermündung von der gegenüberliegenden Moselseite aus im Jahre 1900.

Blick um 1880 von Petrisberg über die Stadt Trier. Im Vordergrund erkennbar der erste Bahnhof, dahinter neben den Pappeln die Porta Nigra und unverkennbar auch das Ensemble des Domes sowie die frühgotische Liebfrauenkirche.

Blick um 1880 auf Trier von der gegenüberliegenden Moselseite aus. Sichtbar sind im Vordergrund die Martinsmühle und das Martinskloster, dahinter der Dom und die Liebfrauenkirche, rechts davon der Turm von St. Gangolf und die konstantinische Palastaula (Basilika). Am linken Bildrand hinter den Pappeln sind schwach die Umrisse der Porta Nigra zu erkennen.

4

Fähren, Fischer, Fluss und Fluten

Im 19. Jahrhundert konnte man nur über wenige Brücken – wie die Römerbrücke in Trier, die Balduinsbrücke in Koblenz oder einige Eisenbahnbrücken – an das andere Ufer der Mosel gelangen. Bis dahin erfolgten die Transporte über den Fluss weitgehend mit Fähren und Kähnen. Diese wurden aber nach der Errichtung weiterer Brücken überflüssig und sind heute weitgehend verschwunden. Da der Fährbetrieb insbesondere bei Hochwasser und Eisgang nie ohne Gefahren war, forderte er bisweilen – so bei Pilgerfahrten nach St. Matthias – zahlreiche Opfer. Völlig verschwunden ist auch die Flößerei und nahezu ausgestorben ist der professionelle Fischfang, der zu Beginn des 20. Jahrhunderts noch viele Moselaner ernährte.

Neben gewaltigen Hochwassern, wie jene von 1882, 1918 und 1920 (die noch deutlich unter den „Jahrhundertfluten" von 1925 und 1993 lagen, und bei weitem nicht an die Katastrophe von 1784 heranreichten, als selbst Häuser mitgerissen wurden) führte auch plötzlich einsetzender Eisgang zu großen Zerstörungen (vgl. S. 108). Diese waren jedoch nicht vergleichbar mit den Schäden von 1940, als die Franzosen mit der Sprengung von Schleusen an der Obermosel einen unerwarteten Eisgang verursachten, der meterhohe Eisschollen vor sich her schob und damit den aufmarschierenden deutschen Truppen enorme Schäden zufügte.

Auf dieser Aufnahme um 1920 hat gerade die Fähre von Klotten am gegenüberliegenden Moselufer angelegt.

Die Fähre von Zell steuert 1902 das Kaimter Moselufer an. Noch ist der Blick auf die Zeller Moselfront unverbaut.

Die Fähre von Zell hat gerade am Kaimter Ufer abgelegt. Der Blick auf Zell ist durch den Bau des langen Bahnviaduktes völlig verändert (um 1920).

Eine Aufnahme aus den 1920er-Jahren: Die Fähre von Briedel verlässt das gegenüberliegende Moselufer.

Die Fähre von Wolf mit Kindern des Wolfer Waisenheimes in den 1920er-Jahren.

Kesten mit seiner Pfarrkirche St. Georg auf einer Aufnahme um 1910. Vor der Kirche, einem 1753 errichteten Saalbau, hat gerade die Fähre angelegt.

1903: Die Fähre von Trittenheim ist bereit zum Ablegen. Links der mächtige Fährturm.

Voll beladen überquert die Fähre bei Mehring 1903 die Mosel. Man erkennt deutlich den von der Spitze des Fährturmes gespannten Fahrdraht.

Ein Blick über Longuich, seinerzeit noch mit der alten Fähre, vor dem Jahre 1903.

Fischfang an der Untermosel in den 1920er-Jahren. Heute ist der Berufszweig des Fischers an der Mosel nahezu ausgestorben.

Ein Fischerboot vor der Kulisse Neumagens – aufgenommen ebenfalls in den 1920er-Jahren.

Im späten 19. Jahrhundert wurde auf der Mosel – wie hier bei Koblenz – noch eine ausgedehnte Flößerei betrieben.

Noch lange wurden, wie hier bei Detzem um 1900, während des Herbstes die Trauben mithilfe von Kähnen über die Mosel transportiert.

Hochwasser in der Schlossstraße von Zell im Jahre 1910 mit Blick zum alten Pfarrhaus.

Hochwasser in der Hauptstraße (Balduinstraße) von Zell im Jahre 1910 mit Blick auf die ehemalige Apotheke (2. Haus rechts).

Hochwasser in Trarbach im Jahre 1918 mit Blick auf das „Kayser'sche Haus" (Bildmitte).

Hochwasser in Trarbach im Jahre 1920 mit Blick auf das Kasino.

Hochwasser in Trarbach im Jahre 1920 mit Blick auf das „Kayser'sche Haus“ (Bildmitte).

Der nach einem Hochwasser im Jahre 1900 gestrandete Personendampfer „Mosel“ auf dem Ufer zwischen Trier und Ruwer.

Mächtige Eisschollen drückten im Januar 1893 die im Kueser Schutzhafen festgemachten Schiffe ans Ufer.

5

Dampfschifffahrt und Eisenbahn

Die Moseldampfschifffahrt wurde zwischen Koblenz und Trier bereits im Jahre 1840 aufgenommen. Dabei dienten die Dampfer der Moseldampfschifffahrts-Aktien-Gesellschaft von Oktober bis Mai vornehmlich der Schlepperei und der Güterbeförderung, während sie in den Sommermonaten weitgehend dem Personenverkehr vorbehalten waren und zu einer – aus heutiger Sicht – stressfreien Reise durch das idyllische Moseltal einluden. Die einzelnen Dampfer waren mit geräumigen Kajüten versehen. Überliefert sind auch eine gute Bewirtung sowie die an Bord ausgeschenkten vorzüglichen Moselweine. Die 191 Kilometer lange Strecke von Koblenz nach Trier, welche wegen der zahlreichen Flussschleifen fast die doppelte Länge des Schienenweges umfasste, legten die Dampfer moselabwärts in knapp 13 Stunden zurück. Moselaufwärts musste man für die Reise von Koblenz nach Trier allerdings zwei Tage mit einer 12- bzw. 11-stündigen Dampferfahrt und einer Übernachtung in Reil einplanen. Da abhängig vom Wasserstand Verspätungen in Kauf genommen werden mussten, hielt der Fahrplan nur die Abfahrtszeiten der Dampfer, nicht aber ihre Ankunft fest. Bei extrem niedrigen Wasserständen verkehrten die Schiffe nur zwischen Koblenz und Bernkastel. Die Namen der Moseldampfer waren „Prinz Heinrich", „Moselthal", „Mosel", Marienburg" und Ewald Berninghaus". Sie waren alle von der Werft Ewald Berninghaus in Duisburg gebaut, die große Erfahrung in der Herstellung flachgehender Flussdampfer besaß.

Trier war bereits seit 1860 über die Saarstrecke nach Saarbrücken und seit 1871 über die Eifelstrecke nach Köln an das deutsche Eisenbahnnetz angeschlossen. Das Moseltal war aber noch lange nur mit Hilfe von Schiffen zu erreichen. Erst nach dem Deutsch-Französischen Krieg 1870/71 wurde wegen des Misstrauens gegenüber Frankreich die Idee einer von Berlin nach Metz führenden „Kanonenbahn" geboren, mit der im Kriegsfall schnellstmöglich Truppen an die Westfront gebracht werden sollten. 1873 wurde mit dem Bau der Moselstrecke Koblenz–Ehrang begonnen. Nach sechsjähriger Bauzeit verkehrten am 15. Mai 1879 die ersten Dampfzüge auf der 112 Kilometer langen Strecke zwischen Koblenz und Trier. Durchgehend bis Berlin war die „Kanonenbahn" ein Jahr später fertig gestellt.

Die Bahnstrecke führte von Koblenz bis Cochem neben der Mosel und durchquerte dann den berühmten Kaiser-Wilhelm-Tunnel (4.205 Meter), der über Jahrzehnte den längsten Tunnel Deutschlands bildete. In der Folge bediente sich die Strecke weiterer Tunnel und querte auf hohen Brücken mehrmals die Mosel. Bei Pünderich verließ die Bahn unter Ausnutzung der Wittlicher Senke das Moseltal und kehrte erst nach mehr als 40 Kilometern bei Quint kurz vor Trier an den Fluss zurück. Da die primär aus militärischen Gründen errichtete Bahnstrecke den kürzesten Weg von Koblenz nach Trier suchte, waren viele der größeren an den Flussschleifen gelegenen Moselorte ohne Bahnanschluss geblieben. Diesem Umstand trug man teilweise durch den Bau kürzerer Stichstrecken nach Traben-Trarbach (21. März 1882) und Bernkastel-Kues (1. Juni 1883) Rechnung.

Dennoch waren weite Teile der Mittelmosel zunächst ohne Bahnanschluss geblieben. Erst 1902 wurde von der Westdeutschen Eisenbahn-Gesellschaft der Bau einer normalspurigen Bahn zwischen Bullay und Trier in Angriff genommen. Am 02. April 1903 wurde der Streckenabschnitt Trier–Leiwen, am 28. Mai 1903 bis Niederemmel, am 29. Dezember 1903 bis Andel, am 15. März 1904 bis Bernkastel und am 19. August 1905 bis Bullay eröffnet. Mit Gesamtkosten von 20 Millionen Goldmark wurde die 102,17 Kilometer lange Moseltalbahn die teuerste Kleinbahn des Deutschen Reiches. Seit 1908 verkehrten zwischen Trier und Traben-Trarbach auch Schnellzüge, die bis 1930 mit Getränken und Speisen bewirtschaftet waren. Dies brachte der Bahn den Spitznamen „Saufbähnchen" oder „Flaschenzug" ein.

Nach der Inbetriebnahme der Moseltalbahn Trier–Bullay kam die Idee einer zweiten Eisenbahnlinie rechts der Mosel von Koblenz nach Bullay auf, die vor allem den Cochemer Krampen erschließen sollte. Der Ausbruch des Ersten Weltkrieges verzögerte jedoch den Baubeginn. In der Hoffnung, das Kriegsglück nach dem Waffenstillstand an der Ostfront im Westen noch wenden zu können, begannen 1918 die Bohrarbeiten am geplanten 2.565 Meter langen Treiser Tunnel. Doch wurden durch den Vertrag von Versailles vom 18. Januar 1919 alle strategische Baumaßnahmen im Linksrheinischen untersagt und die Bauarbeiten im Februar 1920 eingestellt. Bis zu diesem Zeitpunkt hatte der Strecken- und Tunnelbau bereits neun Millionen Mark verschlungen.

1903 wird bei Wolf Material zum Bau der Moseltalbahn mittels Lastkränen auf Güterwagen verladen.

Lastdampfer führten seinerzeit zahlreiche Transporte auf dem Wasserweg aus. Hier beim Verladen in Traben um 1900.

Verladen von Gütern am Trierer Krahnen im Jahre 1903.

Der Personendampfer „Moselthal“ nimmt 1899 am Trierer Krahnen Fahrt in Richtung Bernkastel auf.

1903 hat der Personendampfer „Mosel“ gerade an der Trierer Anlegestelle festgemacht.

Kurz darauf ist der Personendampfer „Mosel“ von Trier wieder flussabwärts unterwegs.

Der Personendampfer „Ewald Berninghaus“ passiert 1899 die Brücke bei Bernkastel.

Eine Aufnahme von 1899: Der Personendampfer „Mosel“ hat in Trarbach angelegt.

Vergleichbare Schutzhäfen, wie hier in Alf (gegenüber Bullay), gab es mehrere an der Mosel. Aufnahme um 1900.

Der Hauptbahnhof von Trier im Jahre 1905; im Hintergrund der Endbahnhof der Moseltalbahn. Die Bahnhöfe bedeuteten für die Menschen aus der Eifel oder dem Hunsrück seinerzeit das Tor zur Welt. Statt Taxis warten noch zahlreiche Pferdedroschken am Bahnhofsvorplatz.

Der Hauptbahnhof von Trier um 1912. Die allmählich aufkommenden Automobile sollten schon bald die Pferdedroschken als Transportmittel verdrängen.

1860 erreichte – von Saarbrücken kommend – die erste Bahnlinie Trier. Daher lag der älteste Trierer Bahnhof auf dem linken Moselufer. 1903 wurde er in Trier-West umbenannt. Hier eine Aufnahme um 1880.

Vom Bahnhof der Moseltalbahn Trier–Bullay hatte man unmittelbar Anschluss an die Trierer Straßenbahn. Aufnahme von 1910.

Ein Sommerwagen der Trierer Pferdebahn ist im Jahre 1900 in der Bahnhofstraße unterwegs.

1902 hat ein Winterwagen der Trierer Pferdebahn gerade die Porta Nigra passiert. Die Pferdebahn war von 1890 bis 1903 in der Trierer Innenstadt unterwegs und wurde danach von der elektrischen Straßenbahn (bis 1951) abgelöst.

Im Jahre 1905 begegnen sich an der Porta Nigra zwei Straßenbahnen.

Straßenbahnen überqueren 1906 auf der Trierer Römerbrücke die Mosel.

Eine Straßenbahn vor der Steipe und der Ganggolfkirche am Trierer Hauptmarkt, auf dem im Jahre 1906 ein reges Treiben herrschte.

Reger Betrieb 1906 am Trierer Hauptmarkt: Drei Straßenbahnen haben Fahrt in unterschiedliche Richtungen aufgenommen.

Während des Baus der Moseltalbahn versuchten sich im Jahre 1902 Pioniere mit der Errichtung einer provisorischen Brücke über die Mosel.

Bau der Moseltalbahn zwischen Briedel und Zell im Jahre 1904. Noch sind die Gleise schmalspurig verlegt. Unter den Arbeitern befinden sich zahlreiche Italiener, die als erste Gastarbeiter an der Mosel blieben.

Nach Fertigstellung der Bahnstrecke bis Neumagen präsentieren sich die Arbeiter am 28. Mai 1903 stolz dem Fotografen.

Der erste Personenzug aus Richtung Trier erreicht am 19. August 1905 den Bahnhof von Traben-Trarbach.

Im August 1905 wird der Enkircher Bahnhof der Moseltalbahn in Erwartung des ersten Zuges hergerichtet.

Wenig später trifft am 19. August 1905 der erste Zug aus Richtung Trier in Enkirch ein.

Die Honoratioren von Zell stellen sich 1904 nach ihrer ersten Fahrt – allerdings noch mit einem schmalspurigem Bauzug – bei Enkirch dem Fotografen.

Der erste Zug aus Richtung Trier erreicht am 19. August 1905 den Bahnhof Zell.

Der Bahnhof von Winningen um 1910. Heute hat er schon lange ausgedient.

Der Bahnhof von Hatzenport im Jahre 1915. Er zeigt große Ähnlichkeiten mit dem Bahngebäude von Winningen. Baugleiche Bahnhöfe desselben Architekten wurden auch in Kobern-Gondorf (im Krieg zerstört) und in Kattenes errichtet.

Der Bahnhof Enkirch (später Kövenig) an der Nebenstrecke Pünderich–Traben–Trarbach um 1900 nach Einfahrt eines Personenzuges.

Ein Personenzug trifft im Bahnhof Traben-Trarbach ein. Berücksichtigt man, dass das Bahngebäude von Traben erweitert wurde, lässt auch dieser Bahnhof die Handschrift desselben Architekten wie in Eukirch (Kövening) erkennen.

Ein schwerer, von zwei Lokomotiven gezogener Güterzug überquert im Jahre 1915 die Mosel auf der doppelstöckigen Brücke von Bullay. Die obere „Etage“ war der Eisenbahn, die untere dem Straßenverkehr vorbehalten.

Der Quinter Viadukt, über den eine parallele Bahnverbindung durchs Moseltal realisiert werden sollte, wird erbaut. Die Strecke blieb jedoch wegen der Auflagen des Versailler Vertrages unvollendet. Die Aufnahme stammt aus dem Jahre 1916.

Mit dem Bau der Eisenbahnbrücke über die Mosel bei Pfalzel (um 1876) konnte Koblenz wie das Rheintal von Trier aus ohne größeren Umweg erreicht werden. Foto aus den Beständen des Landesmuseums Koblenz.

Ein Blick hinter die Kulissen: Die Lok 4A im Jahre 1908 bei Ausbesserungsarbeiten in der Betriebsstätte der Moselbahn in Andel.